UN MOT

SUR LA

POLITIQUE FRANÇAISE

EN

ALGÉRIE.

TOULON

TYPOGRAPHIE ET LITHOGRAPHIE F. ROBERT, BOULEVARD LOUIS-NAPOLÉON.

1870

SOMMAIRE :

Si nous demandons aux colons algériens pourquoi leur situation est si précaire, ils nous répondront que la faute en est
au régime militaire.

En *apparence*, les colons ont raison : L'esprit militaire, qui
est un esprit de subordination, exclut l'initiative individuelle
qui crée la richesse sociale et fait la grandeur réelle des empires.
La discipline militaire, qui produit l'unité essentielle à une forte
armée, a pour inconvénient grave de neutraliser les forces pro-
ductives du soldat et de le rendre très imprévoyant.

On conçoit aisément que si une semblable disposition d'esprit prédomine dans les institutions civiles d'un pays conquis,
elle doit tout stériliser.

Un autre inconvénient de l'armée, c'est d'être maintenue dans
le célibat, de sorte que si elle est souveraine dans un État, elle
est conduite par la force des choses à altérer les bonnes mœurs
protectrices du foyer.

« C'est une règle tirée de la nature, dit Montesquieu, que
« plus on diminue les mariages qui pourraient se faire, plus
« on corrompt ceux qui sont faits : moins il y a de gens ma-
« riés, moins il y a de fidélité dans les mariages comme
« lorsqu'il y a plus de voleurs, il y a plus de vols. » (1).

Ainsi, par la raison que l'armée est la souveraine puissance
en Algérie, elle y est une cause de ruine ; mais il faut le dire
bien vite, c'est une cause toute secondaire et d'apparence. La
cause première, qui est la réelle, a des racines plus profondes
qu'un faux patriotisme nous empêche d'apercevoir.

____

(1) *Esprit des lois,* livre XIII, chapitre XXI.

La prépotence de l'armée en Algérie est un grand mal, j'en conviens, mais elle est un effet logique de notre situation au milieu d'un peuple que nous avons voulu soumettre malgré sa résistance. Du moment que nous avons affirmé en Algérie le droit du plus fort, il a bien fallu que nous ayons recours au seul moyen qui nous le donne : *la force armée.*

Cette conséquence est fatale, et Montesquieu a pu dire avec raison : « Un empire fondé par les armes a besoin de se sou-
« tenir par les armes. »

La vérité, c'est que le régime militaire persistera en Algérie aussi longtemps que les Arabes s'insurgeront contre notre domination.

Cette conséquence est facile à comprendre. Qu'un soulèvement armé ait lieu dans un ou plusieurs départements de la métropole, n'est-il pas vrai que l'état de siége mettra les pouvoirs civils et judiciaires de cette portion du territoire, entre les mains de l'autorité militaire ? Eh bien ! Ce qui se passerait alors en France, est ce qui se passe en Algérie depuis 40 ans, parce que la force des choses y maintient l'état de siége.

Au lieu de s'acharner contre le régime militaire, il vaut bien mieux, je pense, chercher à détruire la cause réelle qui le fait être. Cette cause réelle vient de ce que, par rapport aux tribus arabes, nous n'avons d'autre droit que le droit de conquête qui moralement n'est pas un droit quand le vaincu l'infirme.

Le gouvernement turc de la régence nous a bien conféré le droit de substituer notre autorité à la sienne d'après la capitulation d'Alger ; mais comme les tribus arabes n'ont jamais voulu reconnaître le gouvernement turc, il s'ensuit que celui-ci ne nous a donné aucun droit sur elles.

Pour bien comprendre ceci, il faut remarquer que la cause des Arabes était distincte de celle des Turcs et des Maures. « Les Arabes voulaient bien, dit Pélissier de Reynaud, que
« nous renversions les Turcs et que nous occupions les points

« du littoral ; mais ils voulaient rester maîtres chez eux et se
« gouverner eux-mêmes. » (1)

Ainsi s'explique la résistance acharnée des tribus qui ac-
ceptaient bien que nous fussions leurs voisins, mais non leurs
maîtres : « A vous la mer, disaient-ils, à nous la terre. »

Cette distinction entre le droit arabe et le droit turc est
essentielle et ce fut le tort des Français d'autrefois de ne
pas l'avoir acceptée en principe.

Maintenant que nous avons pénétré dans l'intérieur du pays
au-delà des limites que nous assignaient le bon droit et la raison, il ne nous reste plus qu'à adopter une politique de con-
ciliation et à tenter un arrangement qui apaise les populations arabes et les satisfasse.

Nous pouvons avec raison conserver le droit de souveraineté en Algérie, mais nous ne pouvons pas persister dans
l'idée malheureuse de gouverner les Arabes à notre façon,
quand ils désirent se gouverner à la leur. Nous ne pouvons avoir
plus longtemps la prétention de savoir mieux que les Arabes
ce qui leur convient. C'est pour cela qu'il faut essayer de traiter.

Cette idée de traiter n'est pas une idée neuve pour les populations arabes.

Dès 1830, le chef de la tribu des Flittas, Ben Zamoun, écri-
vait au général De Bourmont : « Qu'il offrait d'user de son
« ascendant pour réunir les hommes influents de la province
« d'Alger et leur proposer les bases d'un traité qui règlerait, à
« l'avantage de tous, la nature de nos rapports avec les Ara-
« bes, tant dans l'intérêt actuel que dans celui des races fu-
« tures. Il priait le général en chef de considérer que, pour
« qu'un pareil traité fût solide, il ne devait pas être imposé par
« la force à la faiblesse, mais librement débattu et consenti
« parce qu'alors tout le monde travaillerait de bonne foi à le
« maintenir. » (2)

(1) *Annales algériennes*, éd. 1854, tom. Ier. (page 150 ?)
(2) *Annales algériennes*, tôme Ier, page 100, et *Histoire de la conquête
d'Alger*, par P. Christian. — Introduction?

En entrant dans cette voie, nous n'avons pas à examiner si les indigènes sont un ramassis d'hommes avilis et dégradés, sinon des êtres nobles et élevés.

La question n'est pas de savoir si les Arabes sont chevaleresques ou bourgeois, et de les juger en idéalistes ou en positivistes, ni de les observer en optimistes ou en pessimistes. Nous n'avons pas à prendre pour objectif de défense les minarets de Sainte-Sophie ou les buttes Montmartre, et de voir dans les Arabes des anarchistes ou des martyrs. Nous devons entrer dans cette voie, parce qu'elle est la seule digne d'une grande nation, la seule digne d'un peuple aussi humain, aussi généreux que le nôtre.

Finalement, je me résume comme il suit :

1° Le régime de conquête que nous avons suivi jusqu'à ce jour en Algérie étant la cause génératrice du régime militaire, celui-ci ne peut finir qu'avec celui-là.

2° Hors du consentement libre des populations arabes, nous ne pouvons rencontrer en Algérie qu'impuissance et souveraineté provisoire, parce que de l'avis de Voltaire : « Les droits « de gouverner une nation malgré elle ne se soutiennent ja- « mais longtemps. »

§ II. — DE L'ASSIMILATION DES RACES ALGÉRIENNES.

Les deux races qui sont en présence sur le sol algérien (l'orientale et l'européenne) sont séparées par les traditions, les mœurs, les croyances et les idées. Leur assimilation aurait pour mérite de simplifier considérablement la question algérienne ; mais est-il raisonnable de l'espérer ? Je ne le crois pas.

Je ne crois pas à l'assimilation des deux races, parce que l'assimilation serait pour l'Arabe l'équivalent d'un changement de

religion, et on sait par expérience que ce que les peuples chan-
gent le moins, quand ils subissent le joug d'un étranger non
coreligionnaire, ce sont leurs croyances religieuses.

Voici du reste l'avis officiel d'un musulman qui prit la pa-
role au Conseil général d'Alger en novembre 1864 :

« Personne plus que moi, dit-il, ne désire participer et faire
« participer ma famille et la population tout entière aux
« avantages attachés à la qualité de citoyen français. J'y ai
« même un intérêt tout personnel, car mon fils est sous les
« drapeaux et sert la France avec le dévoûment d'un noble
« cœur. Eh bien! sans la naturalisation, il ne pourra parvenir
« dans l'armée qu'au grade de simple lieutenant. C'est vous
« dire assez combien j'attache de prix à l'insigne honneur de
« jouir des mêmes lois civiles et politiques ; mais un obstacle
« *insurmontable* se présente , c'est que , pour obtenir cette
« faveur, nous serions obligés de subir des conséquences que
« *notre conscience nous défend d'accepter.* »

« Vous le savez, Messieurs, notre loi est tout à la fois civile
« et religieuse. Dans ces conditions rigoureuses et exception-
« nelles, notre loi et nos mœurs *s'opposent fatalement* à la
« naturalisation. » (1)

Voilà qui est fort clair. Qu'on consulte les Arabes depuis le
dernier des bergers jusqu'au premier des grands chefs, ils répondront : « *Notre conscience nous défend d'accepter.* »

En présence d'une opinion aussi formelle, ce qu'il nous reste
à faire, c'est d'accepter franchement le parallélisme des lois
privées et des mœurs particulières à chacune des deux races.

Ce parallélisme, adopté comme principe définitif des institutions algériennes, n'est pas une impossibilité. Des peuples moins
intelligents que les Français le réalisent parfaitement. (2)
Mieux vaut donc ce parallélisme que de pousser l'infatuation
jusqu'à vouloir que les musulmans règlent leurs institutions

(1) *Moniteur de l'Algérie* du 13 novembre 1864.

(2) Voir Montesquieu, *Esprit des lois*, livre x, chapitre xv.

sur les nôtres, car imposer nos lois civiles aux Arabes et aux Kabyles, ce serait aussi dangereux que si nous voulions leur imposer nos croyances religieuses.

Les colons algériens et bon nombre de Français de la métropole demandent la fin du régime militaire ; mais par une de ces inconséquences, si communes au milieu des hommes, ils demandent qu'on exerce sur les populations indigènes des réformes radicales et vexatoires qui à elles seules feraient venir le régime militaire, si une raison première ne l'avait rendu inévitable. Que les colons le sachent bien : aussi longtemps que les populations musulmanes seront inquiètes sur nos projets à venir, il y aura perspective de révolte et le système militaire sera triomphant.

Une grande partie de la presse suit les mêmes errements que les colons. Certains journaux ne semblent pas comprendre qu'en gardant l'offensive contre la société arabe, ils font vivre le régime qu'ils condamnent, parce que leur hostilité crée une situation plus forte que les hommes. Qu'il y ait de nombreuses réformes à faire dans la société arabe, on ne peut le mettre en doute, mais notre habileté doit consister, non à faire nous mêmes les réformes, mais bien à les rendre inévitables en donnant aux indigènes de bons exemples et de bonnes raisons :

« Inviter quand il ne faut pas contraindre, dit Montesquieu, « conduire quand il ne faut pas commander, c'est l'habileté « suprême. La raison a un empire naturel, elle a même un « empire tyrannique : on lui résiste, mais cette résistance est « son triomphe. » (1)

Finalement, je me résume comme il suit :

1º Puisque l'assimilation des deux races algériennes rencontre un obstacle que nous ne pouvons surmonter, essayons de le tourner au moyen des institutions parallèles ;

2º « Puisque la montagne ne veut pas venir à nous, imitons « le prophète arabe, et allons à la montagne. »

(1) *Esprit des lois,* livre xviii, chapitre xxxviii.

§ III. — DE LA COLONISATION EN ALGÉRIE.

En principe, le mode de colonisation est distinct selon qu'on imite les Grecs ou les Macédoniens.

La colonisation à la grecque consiste à se saisir pacifiquement de quelques terres vierges sur lesquelles les colons fondent une nouvelle patrie. C'est ainsi que les anciens Grecs ont colonisé l'Italie et l'Asie-Mineure.

La colonisation à la macédonienne consiste à se rendre maître d'un vieux peuple qu'on gouverne ensuite à la condition de respecter ses mœurs et ses lois. On sait qu'Alexandre, ainsi que les généraux qui continuèrent son œuvre, ne purent s'établir d'une manière durable en Egypte et en Syrie, qu'en acceptant les mœurs, les usages et les lois de ces contrées. (1)

Dans les terres vierges de l'Amérique, de l'Australie et de la Nouvelle-Calédonie, on a pu adopter le mode de colonisation à la grecque; mais, en Algérie, nous ne pouvons faire que ce que les Macédoniens firent en Egypte et en Syrie, parce que nous avons rencontré sur cette terre un peuple vieux et cristallisé qui a son histoire, ses mœurs, ses préjugés, ses croyances et avec cela un glorieux passé. J'en conclus que ce n'est ni à l'autorité civile, ni à l'autorité militaire qu'il faut remettre les détails de l'administration indigène, mais bien à des musulmans, et cela pour deux raisons :

La première, parce que les musulmans ont seuls l'autorité morale dont on ne peut se passer dans un bon gouvernement;

La seconde, parce qu'il faut à tout prix ne plus donner aux Européens l'occasion de blesser les indigènes dans leurs croyances

(1) Voir Montesquieu, *Esprit des lois*, livre x, chapitre xiv.

et dans leurs mœurs, ce qui n'est possible qu'en éliminant les chrétiens des affaires arabes. (1)

Ce déplacement d'attribution, que je demande, mérite l'attention sérieuse des économistes, car, là où nous ne pouvons régner qu'à l'aide d'une armée de 60,000 hommes en moyenne, les Turcs de l'ancienne régence régnaient avec une milice de 14,994 hommes ; là, où ces mêmes Turcs vivaient et économisaient de beaux deniers pour retourner dans leur pays, nous avons dépensé déjà plus de deux milliards de francs !

Pourquoi cette différence, sinon parce que nous sommes chrétiens, là où les Turcs étaient musulmans.

Qu'on n'objecte pas que les Turcs de la régence régnaient par la terreur et qu'ils avaient pour se défendre une politique d'excessive intimidation ; car, comme le dit Pelissier de Reynaud : (2) « Il ne faut pas croire que le despotisme oriental « pesait sur les Arabes de tout son poids ; les Turcs avaient de « grands ménagements pour ces peuples sur lesquels le joug « du gouvernement d'Alger se faisait peu sentir. » (3)

---

(1) Le lecteur peut voir dans la *Revue des Deux-Mondes* (livraison du 15 août 1864, p. 634 et 635) comment les chefs chrétiens des indigènes mettent ceux-ci dans la fâcheuse nécessité d'être en contradiction avec eux-mêmes en leur faisant jouer la comédie de l'homme civilisé. Les faits de cette nature ont plus d'importance qu'on ne le suppose ; car, comme le dit Montesquieu : « On n'offense « jamais plus les hommes que lorsqu'on choque leurs cérémonies et leurs « usages. Cherchez à les opprimer, c'est quelquefois une preuve d'estime que « vous en faites ; choquez leurs coutumes, c'est toujours une marque de « mépris. »

Voir aussi ce que dit encore Montesquieu dans son *Traité de l'esprit des lois*, livre x, chapitre xi.

(2) *Annales algériennes*, éd. 1854, tome Ier, page 4.

(3) S'il est vrai que par rapport aux nations chrétiennes comme par rapport à la marine européenne, ces infâmes pirates d'Alger étaient barbares et inhumains, il est vrai aussi que par rapport aux Arabes (leurs coreligionnaires) les Turcs de la régence étaient accommodants autant que débonnaires. Cette distinction est essentielle pour les esprits scientifiques qui veulent envisager la question sous son vrai jour.

Ici je ferai deux remarques :

PREMIÈRE REMARQUE. — Bien des personnes en France croient qu'on peut simplifier la question algérienne et mieux pacifier le pays en augmentant le nombre des colons européens. Ne serait-ce pas le contraire qui doit avoir lieu ?

Les Arabes ne voient-ils pas dans l'accroissement des colons une plus grande certitude d'être dominés ? N'ont-ils pas lieu de craindre, si les colons se multiplient outre mesure, que le sénatus-consulte protecteur, du 22 avril 1863, ne cesse un jour d'avoir force de loi ? (1)

C'est à cela qu'il faut penser.

La question algérienne offre ceci de particulier, qu'on pourrait faire aisément la paix s'il n'y avait pas de colons dans le pays, tandis que les obstacles opposés à la pacification sont en raison directe du développement colonial, parce que les Arabes voient dans ce développement une arrière pensée de domination ; d'où je conclus que les éléments européens, qu'on attire dans le pays en vue d'affaiblir le régime militaire, concourent au contraire à le fortifier.

DEUXIÈME REMARQUE. — Est-il vrai que si les Anglais avaient conquis l'Algérie, ils en auraient fait une colonie prospère ?

Mon opinion est que si les Anglais avaient pris la ville d'Alger, ils l'auraient tout simplement abandonnée, après en avoir détruit les fortifications. Pour en juger ainsi, je me fonde sur ce que les Anglais firent jadis à Tanger qu'ils ont occupé au même titre que nous occupons Alger. Les Anglais ont bien des défauts, mais il faut reconnaître qu'en matière de colonisation, ils sont habiles à s'éloigner des pays coloniaux où il faut employer beaucoup d'hommes armés et dépenser beaucoup d'argent.

Finalement, je me résume comme il suit :

1° Comme l'Algérie n'est pas une terre vierge et que le peuple

---

(1) Sénatus-consulte qui confère aux tribus arabes le droit de propriété sur les terres qu'elles occupent.

arabe n'est pas un jeune peuple, nous ne pouvons coloniser le pays qu'à la façon dite : macédonienne ;

2° La facilité de résoudre le problème algérien est en raison inverse du nombre de colons établis dans le pays ;

3° L'Algérie ne pouvant pas satisfaire les aspirations des Anglais, ceux-ci ne l'auraient pas colonisée en admettant qu'ils eussent pris Alger.

§ IV. — DES INSTITUTIONS MUNICIPALES DE LA COLONIE.

Les villes de l'Algérie et leurs faubourgs étant composés en majeure partie d'éléments européens, ne serait-il donc pas possible de les constituer : *Villes libres ne relevant que du gouvernement central de la colonie ?*

Pourquoi ne donnerait-on pas aux cités algériennes les institutions municipales des cités (*boroughs*) de l'Angleterre, lesquelles ont le bonheur de posséder un gouvernement local véritablement autonome ?

Sous prétexte de remédier aux vices de l'administration civile des colons, il est question de rétablir l'autorité complète des préfets, en diminuant l'autorité conférée aux généraux de l'armée. Cette réforme peut bien déplacer le mal, mais c'est tout ; car s'il peut être supprimé, ce n'est qu'à la condition d'affranchir les villes algériennes de la tutelle du préfet comme de celle du général.

Le gouvernement est parfaitement libre de repousser cette idée d'affranchissement, mais qu'il sache bien qu'aussi longtemps qu'il maintiendra en Algérie les traditions administratives de

France, il y fera vivre ce déplorable esprit de tutelle qui énerve les citoyens et fait obstacle au bon génie de la colonisation. (1)

§ V. — DE L'AUTONOMIE ALGÉRIENNE.

Je laisse à chacun la liberté de ses opinions, mais je persiste à dire que l'idée d'un royaume arabe, ayant son gouvernement autonome, est une idée des plus justes.

L'Algérie ne peut être française pour plusieurs raisons. La plus sérieuse de toutes, c'est que la nature fait de l'Algérie un pays essentiellement oriental :

Par sa position géographique, l'Algérie est détachée de l'Europe et rattachée à tous les pays de l'Orient, car avec le Maroc et le Soudan, comme avec l'Arabie, l'Algérie ne fait qu'*un*, tandis qu'elle fait *deux* avec la France.

Par son climat et son milieu ambiant, l'Algérie est encore

---

(1) Dans un livre que nous venons de lire (*De la réforme en France*, tome II, page 164), il est dit que la loi sur le partage forcé votée en 1793 est la cause de notre inaptitude à coloniser. Bien que l'auteur de ce remarquable ouvrage, M. Le Play, fasse autorité dans l'espèce, nous ne pouvons nous ranger à son opinion. Que cette loi ait le tort d'être trop absolue, je ne dis pas, mais il n'est pas possible d'admettre qu'elle nous ait fait perdre nos colonies du Canada, de Madagascar et des Indes, puisque nous ne les avions plus à l'époque où elle fut votée. Si les Français ont cessé d'être aptes à coloniser, c'est bien plutôt parce que depuis trois siècles nos institutions de tutelle ont fait échec à l'initiative individuelle ; c'est aussi parce que nos pouvoirs trop centralisés ont fait des richesses publiques et des honneurs une répartition généralement peu équitable, les absents ayant toujours eu tort. Pourquoi irait-on fièrement chercher les richesses et les honneurs au-delà des mers, puisqu'avec de la souplesse et du savoir-faire on les obtient de Paris. Pourquoi irait-on braver la faim et la fièvre pour conquérir des biens qu'on peut obtenir d'une façon moins digne, mais plus douce ?

détachée de l'Europe et particulièrement de la France, car les Occidentaux qui habitent la colonie sont enveloppés par toutes les mollesses de l'Orient, et il n'est pas jusqu'au fameux vent du désert qui ne vienne influencer l'élément colonisateur et désarmer les énergies européennes.

Si les partisans de l'unité réalisaient jamais leur idéal d'union pure et simple, ce n'est pas l'Algérie qui deviendrait française, mais bien la France qui deviendrait algérienne. Ce n'est pas la France qui régénérerait l'Algérie, mais bien l'Algérie qui ferait dégénérer la France.

Nous pourrions bien envoyer dans les plaines de la Chiffa des éléments de jeunesse, des citoyens forts et vigoureux, mais il nous reviendrait de ce pays certains pachas autoritaires, dont certes nous n'avons nullement besoin.

En résumé, la nature ne permet pas plus à l'Algérie orientale d'être française, qu'elle ne permet à la France occidentale d'être algérienne.

§ VI. — Conclusions.

Les hommes réunis en société ne sont ni absolument libres dans leurs mouvements, ni absolument soumis à l'inexorable fatalité. Une nation qui ne subit pas le joug, mais qui l'impose, peut, à son gré, opter pour les bons comme pour les mauvais principes de gouvernement; mais une fois le choix fait, la logique sociale ne permet pas que cette nation obtienne d'une situation fausse et illégale les conséquences heureuses que les bons principes d'équité et de justice peuvent seuls engendrer.

Pour ce qui nous concerne, nous sommes libres de perpétuer en Algérie une politique de conquête qui méconnaît le droit arabe, mais nous ne sommes pas libres de faire produire à ce système un état de paix qu'il n'est pas en son pouvoir de donner. Sans doute que l'idée de traiter avec les Arabes soulève des difficultés réputées insurmontables, mais à cela je réponds qu'une grande fin ne s'obtient qu'avec de grands moyens.

Il est juste de dire que la France a laissé en Algérie de nombreux témoignages de son humanité. Jamais elle n'a hésité à être charitable envers les Arabes réduits à la misère et décimés par les maladies, mais cela ne suffit pas, car l'aumône ne peut tenir lieu de la justice.

Etre généreux envers des infortunés, c'est une bonne politique ; mais ce qui est mieux encore, c'est être équitable envers des vaincus, car sans l'équité, nous ne pouvons empêcher que les temps futurs ne soient des temps de représailles et de violentes réparations.

Une situation aussi fausse que celle que nous nous sommes faite en Algérie, peut subsister encore longtemps ; mais croire à notre établissement régulier et définitif dans ce pays sans traiter avec les indigènes, c'est faire preuve d'une grande imprévoyance. Les Arabes de nos jours, il est vrai, ne sont pas des adversaires sérieux que nous soyons tenus de ménager, mais qui peut répondre des Arabes de l'avenir ? Qui peut affirmer qu'ils n'acquerront pas avec le temps une grande aptitude à s'organiser et à combattre ?

Les tribus que nous avons soumises sont sans force, parce qu'elles sont sans unité et sans discipline ; mais combien la face des choses changerait si du fond du Maroc il sortait un musulman de génie qui saurait agréger ses coreligionnaires et les grouper sous sa loi ! La France a déjà fait beaucoup pour consolider sa conquête, mais quels plus grands sacrifices ne devrait-elle pas faire encore si elle avait pour adversaire un habile sultan qui s'approprierait les progrès de la civilisation, et saurait se servir des hommes en exploitant l'avidité des uns et le fanatisme des autres !

Une semblable révolution est-elle donc impossible ? Je ne le crois pas, car à ne consulter que notre propre histoire, on voit combien les peuples sont susceptibles de se transformer: quelle ressemblance y a-t-il, par exemple, entre ces guerriers pusillanimes, que Jeanne d'Arc entraînait au combat, et ces légionnaires entreprenants que commandait Napoléon !

S'il est vrai que les Français de nos jours soient réputés *soldats de naissance*, il n'en fut pas toujours ainsi, et j'en conclus par analogie que les Arabes, qui sont peu redoutables aujourd'hui, peuvent fort bien l'être demain.

Cette perspective de rénovation arabe, ne peut trop faire réfléchir les métropolitains et les colons. Si ces derniers surtout avaient une idée nette de leurs véritables intérêts, ils feraient *cause commune* avec l'indigène pour le calmer, car aussi long-temps que les colons seront éloignés de cette politique de concorde, ils ne pourront compter ni sur des temps meilleurs ni sur des institutions plus dignes d'eux.

En résumé, l'avenir est impénétrable. Toutefois si nous lui demandions quelle paix nous pouvons attendre des Arabes, il répondrait ce que les révoltés de Privernum répondaient au Sénat romain : « Fidèle et perpétuelle si elle est équitable, de « courte durée si elle est oppressive. »

Toulon, le 4 février 1870.

POST-SCRIPTUM. — Une Commission spéciale élabore un projet de constitution pour l'Algérie. Nul doute que ce ne soit une œuvre harmonieuse et bien ordonnée ; mais cela ne suffit pas, car l'harmonie peut exister dans la froide statue comme dans le cadavre inanimé et sans vie.

Ce qui fait l'excellence d'une constitution, c'est de porter en elle la force, la vitalité et l'énergie que donne le consentement libre du peuple.

La constitution de l'Algérie réunira-t-elle cette dernière condition ? Les Franco-Arabes donneront-ils la vie et le mouvement à ce corps de lois qui aura été fait sans eux ? C'est ce que l'avenir nous apprendra.

2521 — Toulon, Typ. et Lith. TUROBERT, boulevard Louis-Napoléon.